표현력 좋은
우리 아이

국어를 좋아해

형용사

글 도치맘 주인마님(김정해) · 그림 김소희

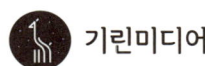 기린미디어

《국어를 좋아해 – 형용사》 어떻게 하면 더 잘 배울까?

《국어를 좋아해》 시리즈는 다양한 단어의 뜻과 쓰임을 설명하고 어휘력을 키워 주는 책이에요. 〈명사〉, 〈형용사〉, 〈동사〉, 〈의성어·의태어〉 총 4권으로 이루어져 있어요.

 **형용사**란 명사의 생김새나 크기, 성질 등을 꾸미는 말이에요.

먼저 단어가 포함된 **예문**을 살펴보아요.

형용사

고추가 정말 **맵다**.

예문과 함께 **재미있는 그림**으로 문장을 익혀요.

52

'같다', '부드럽다', '예쁘다', '따듯하다', '씩씩하다'와 같은 말들이 모두 **형용사**랍니다.

명사를 꾸며 주는 **형용사**를 살펴보고
다양한 문장을 연습해 보세요.

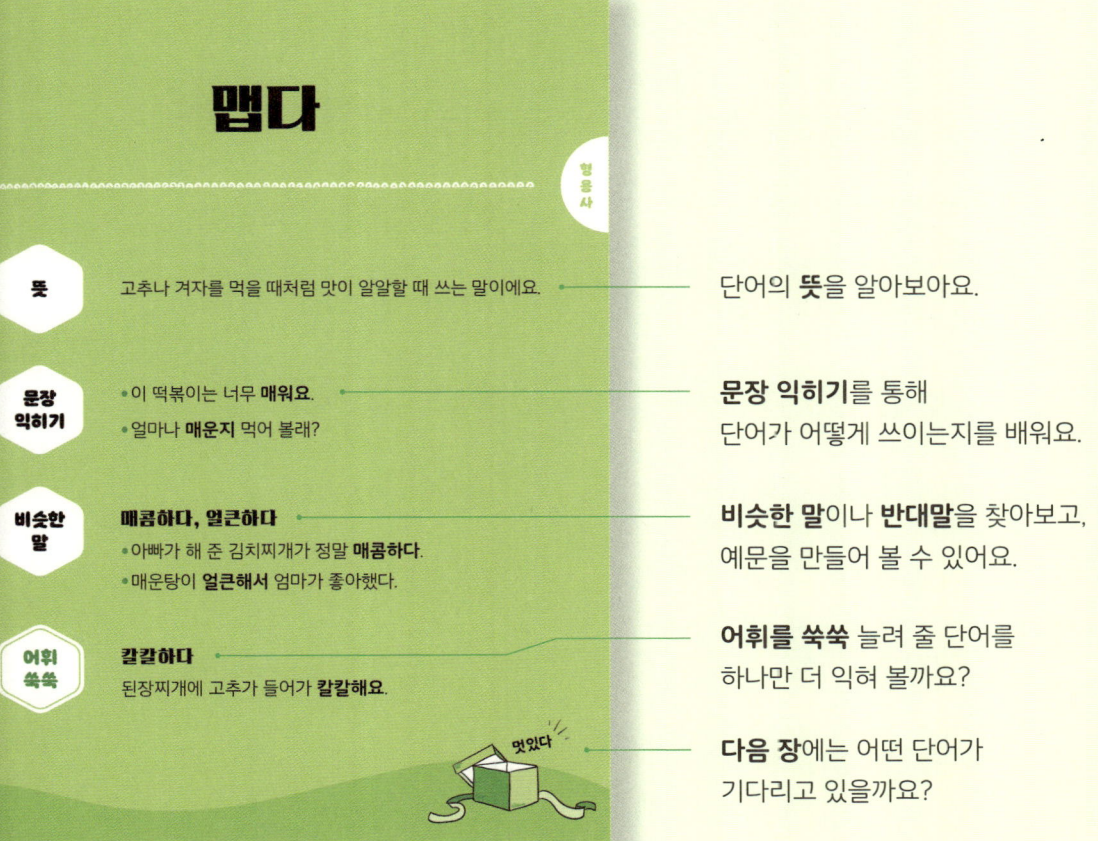

맵다

형용사

뜻
고추나 겨자를 먹을 때처럼 맛이 알알할 때 쓰는 말이에요.

단어의 **뜻**을 알아보아요.

문장 익히기
• 이 떡볶이는 너무 **매워요**.
• 얼마나 **매운지** 먹어 볼래?

문장 익히기를 통해
단어가 어떻게 쓰이는지를 배워요.

비슷한 말
매콤하다, 얼큰하다
• 아빠가 해 준 김치찌개가 정말 **매콤하다**.
• 매운탕이 **얼큰해서** 엄마가 좋아했다.

비슷한 말이나 **반대말**을 찾아보고,
예문을 만들어 볼 수 있어요.

어휘 쑥쑥
칼칼하다
된장찌개에 고추가 들어가 **칼칼해요**.

어휘를 쑥쑥 늘려 줄 단어를
하나만 더 익혀 볼까요?

멋있다

다음 장에는 어떤 단어가
기다리고 있을까요?

차례

두 개가 서로 **같아요**.

같다

뜻

서로 다르지 않고 똑같다는 뜻이에요.

문장 익히기

- 엄마와 나는 서로를 생각하는 마음이 **같아요**.
- **같은** 책을 또 사다니!

비슷한 말

동일하다
- 꽃이 피는 시기가 **동일하다**.

어휘 쑥쑥

여전하다
- 오랜만에 봐도 너는 **여전하구나**.

고맙다

도와줘서 **고마워**.

고맙다

형용사

뜻
다른 사람의 배려나 도움으로 마음이 흐뭇한 것을 말해요.

문장 익히기
- 오늘 내 부탁을 들어줘서 정말 **고마워**!
- **고마운** 마음을 편지에 적어 보냈어요.

비슷한 말

감사하다
- 할머니, 도와주셔서 **감사합니다**.

어휘 쑥쑥

은혜롭다
- 스승의 날은 선생님의 **은혜로움**을 기념하는 날이야.

깨끗하다

방이 정말 **깨끗하구나**!

14

깨끗하다

뜻

물건이나 공간이 더럽지 않고 깔끔한 것을 말해요.

문장 익히기

- 신발을 **깨끗하게** 빨았어.
- 음식점이 **깨끗하면** 음식도 맛있는 것 같아요.

비슷한 말

말끔하다
- 아빠의 차 안은 언제나 **말끔하다**.

어휘 쏙쏙

산뜻하다
- 새로 산 옷을 입으니 기분이 **산뜻해요**.

뜨겁다

옥수수가 정말 **뜨거워요**.

뜨겁다

뜻

손이나 몸에 자극을 느낄 정도로 온도가 높다는 뜻이에요.

문장 익히기

- 코코아가 너무 **뜨거워서** 혀를 데었어요.
- **뜨거운** 태양 아래에 서 있으니 땀이 흘러요.

비슷한 말

덥다
- 여름은 **덥지만**, 방학이 있어서 다행이다.

반대말

차갑다
- 한겨울에 보일러를 틀지 않으면 바닥이 **차갑다**.

멀다

집에서 학교까지는 무척 **멀다**.

멀다

뜻

거리가 많이 떨어져 있는 것을 말해요.

문장 익히기

- 할머니 댁은 우리 집에서 정말 **멀어요**.
- **먼** 길을 달려 도착한 곳에는 아무것도 없었어.

비슷한 말

아득하다
- 바닷가에서 우리 집까지는 **아득하다**.

반대말

가깝다
- 새로 이사한 집은 놀이터와 **가까워요**.

무겁다

상자가 너무 **무거워요**.

20

무겁다

뜻

무게가 나가는 정도가 크다는 뜻이에요.

문장 익히기

- 가방에 책을 많이 넣으면 **무거워요**.
- **무겁지만** 한 손으로 들어 봐야지.

비슷한 말

무겁디무겁다
- 옮겨야 할 짐이 **무겁디무겁다**.

반대말

가볍다
- 새로 산 신발이 **가벼워서** 뛰기 좋네.

어렵다

수학은 아무리 봐도 정말 **어려워**.

형용사

어렵다

뜻

하기가 까다롭고 힘들다는 말이에요.

문장 익히기

- 줄넘기는 너무 **어렵다**.
- **어려운** 일이 생기면 나를 찾아오세요.

비슷한 말

힘들다
- 다리 찢기는 정말 **힘들다**.

반대말

괜찮다, 쉽다
- 오늘 배운 수학은 어렵지 않고 **괜찮다**.
- **쉬운** 문제부터 풀어야지.

어리다

내 동생은 나보다 **어리다**.

형용사

어리다

뜻

나이가 적거나 10대를 넘지 않은 나이를 말해요.

문장 익히기

- 아빠의 **어린** 시절 이야기는 정말 재미있어요.
- 내 동생은 나이는 **어리지만**, 생각이 깊어요.

비슷한 말

앳되다

- 언니는 아직 **앳된** 얼굴을 갖고 있어.

반대말

연로하다

- **연로한** 어른은 공경해야 한다.

좁다

방이 너무 **좁아요**.

좁다

뜻
공간이나 면의 넓이가 작을 때 쓰는 말이에요.

**문장
익히기**
- 제주도가 **좁다니** 말도 안 돼요!
- **좁은** 길을 따라 걸어가다 보면 바다가 보여요.

**비슷한
말**
협소하다
- 축제가 열리는 행사장이 **협소합니다.**

반대말
넓다
- 새로 지은 축구장은 정말 **넓어.**

즐겁다

강아지와의 산책은 **즐거워**.

즐겁다

뜻

기분이 흐뭇하고 기쁜 것을 말해요.

문장 익히기

- 바닷가 여행은 정말 **즐거워요**.
- **즐거운** 마음으로 하면 더 잘될 거예요.

비슷한 말

흥겹다
- **흥겨운** 노랫소리에 맞춰 춤춰 봐.

어휘 쑥쑥

유쾌하다
- 치과에 가는 것은 별로 **유쾌하지** 않다.

궁금하다

생일 선물로 무엇을 받을지 **궁금해**!

궁금하다

뜻

무엇이 알고 싶어 답답한 마음을 말해요.

문장 익히기

- 누가 그 소문을 낸 건지 정말 **궁금하다**.
- **궁금한** 건 물어봐야지.

비슷한 말

알쏭달쏭하다
- 엄마가 왜 그런 말을 했는지 **알쏭달쏭했어**.

어휘 쑥쑥

답답하다
- 누가 범인인지 몰라 **답답해요**.

깊다

호수가 정말 **깊어**.

깊다

뜻
겉에서 속까지의 거리가 먼 것을 뜻해요.

문장 익히기
- **깊은** 산골에 호랑이 가족이 살고 있어요.
- 산은 높고 바다는 **깊어요**.

비슷한 말
깊다랗다
- 이 우물은 정말 **깊다랗다**.

어휘 쏙쏙
깊숙하다
- 엄마는 장롱 **깊숙한** 곳에 금반지를 숨겨 놓았다.

낫다

나는 사탕보다 초콜릿이 더 **낫다**.

낫다

뜻

어떤 대상보다 더 좋거나 앞서 있을 때 쓰는 말이에요.

문장 익히기

- 동생보다 형의 그림 실력이 **낫다**.
- 어제 입은 옷보다 이 옷이 더 **낫겠어**.

비슷한 말

우수하다
- 친구의 노래 실력이 정말 **우수하다**.

반대말

못하다
- 이번에 사 온 사과는 맛이 지난번보다 **못해요**.

다르다

오빠와 나는 생김새가 **다르다**.

다르다

뜻

비교하는 두 대상이 서로 같지 않은 것을 말해요.

문장 익히기

- 내 친구와 나는 좋아하는 과일이 **다르다**.
- 포장이 **다르지만**, 내용물은 같아.

비슷한 말

판이하다
- 쌍둥이의 성격이 정말 **판이하다**.

어휘 쑥쑥

남다르다
- 엄마는 가족 사랑이 **남달라요**.

따뜻하다

오늘 날씨가 정말 **따듯해**.

따듯하다

뜻

덥지 않을 정도로 온도가 기분 좋게 높은 것을 뜻해요.

문장 익히기

- 이 점퍼는 정말 **따듯해**.
- **따듯한** 우유를 마시면 기분이 좋아질 거야.

비슷한 말

뜨듯하다
- 방바닥이 **뜨듯해서** 잠이 잘 올 거 같아.

반대말

싸늘하다
- 11월 날씨는 **싸늘해요**.

반갑다

친구야, 만나서 **반가워**.

반갑다

뜻

보고 싶던 사람을 만나거나 바라던 일이 이루어져서
즐겁고 기쁠 때 쓰는 말이에요.

문장 익히기

- 할머니를 만나서 정말 **반가워요**!
- **반가운** 소식이 중국에서 전해졌다.

비슷한 말

흐뭇하다
- 오랜만에 친구를 만나서 **흐뭇했어**.

어휘 쏙쏙

어색하다
- 모르는 사람과 같이 있으려니 **어색했다**.

빠르다

다람쥐가 정말 **빠르네**!

빠르다

뜻

어떤 행동을 하는 데 걸리는 시간이 짧은 것을 말해요.

문장 익히기

- 토끼는 정말 **빨리** 뛰어요.
- 달리기 대회를 하기 전까지 친구가 더 **빠른지** 몰랐어.

비슷한 말

잽싸다
- 강아지가 간식을 **잽싸게** 물고 갔어요.

반대말

느리다
- 나는 종이접기 할 때 **느려요**.

슬프다

친구와 헤어지는 건 너무 **슬퍼요**.

형용사

슬프다

뜻

안타까운 일을 겪거나 불쌍한 일을 보고
마음이 아플 때 쓰는 말이에요.

문장 익히기

- 다시는 그 장난감을 가지고 놀지 못하다니, **슬퍼**.
- 그 이야기는 나에게 **슬픈** 추억이야.

비슷한 말

괴롭다
- 나 때문에 친구가 속상할 것을 생각하니 마음이 **괴로워**.

어휘 쑥쑥

서럽다
- 엄마가 나만 혼내서 **서러웠어**.

싱겁다

찌개가 **싱거워요**.

싱겁다

뜻

음식의 간이 알맞지 않고 약하다는 뜻이에요.

문장 익히기

- 음식 맛이 **싱거워도** 괜찮을까요?
- **싱거우면** 양념을 더 넣어.

비슷한 말

밍밍하다
- 국에 물을 많이 부어서 **밍밍하다**.

반대말

짜다
- 아빠가 끓인 매운탕은 너무 **짜요**.

시계가 십 분 **늦게** 맞춰져 있었어.

형용사

늦다

뜻
기준이 되는 때보다 뒤져 있는 것을 말해요.

문장 익히기
- 올해는 꽃이 왜 이렇게 **늦게** 피지?
- **늦은** 시간까지 안 자고 기다렸어.

비슷한 말
느지막하다
- 여유 있으니 **느지막하게** 와.

반대말
이르다
- 엄마가 평소 퇴근 시간보다 **이른** 시간에 와서 기분이 좋다.

부드럽다

우리 강아지 털은 정말 **부드러워**.

부드럽다

형용사

뜻
닿거나 스치는 느낌이 거칠거나 뻣뻣하지 않은 것을 말해요.

문장 익히기
- 제 머릿결이 **부드러워졌어요**.
- 친구가 **부드러운** 목소리로 말했어.

비슷한 말
매끈하다
- 가죽 가방이 정말 **매끈하다**.

반대말
거칠다, 뻣뻣하다
- 농사를 짓느라 아빠 손이 **거칠어졌다**.
- 끈이 너무 **뻣뻣해서** 부드럽게 고치려고 해.

맵다

고추가 정말 **맵다**.

맵다

뜻

고추나 겨자를 먹을 때처럼 맛이 알알할 때 쓰는 말이에요.

문장 익히기

- 이 떡볶이는 너무 **매워요**.
- 얼마나 **매운지** 먹어 볼래?

비슷한 말

매콤하다, 얼큰하다

- 아빠가 해 준 김치찌개가 정말 **매콤하다**.
- 매운탕이 **얼큰해서** 엄마가 좋아했다.

어휘 쏙쏙

칼칼하다

된장찌개에 고추가 들어가 **칼칼해요**.

멋있다

새로 산 모자가 정말 **멋있어요**.

멋있다

뜻
보기에 썩 좋거나 근사한 것을 말해요.

문장 익히기
- 네가 한 행동 정말 **멋있어**.
- **멋있는** 옷을 입고 파티에 갈 거예요.

비슷한 말
근사하다
- 멋지게 차려입은 모습이 **근사해요**.

어휘 쑥쑥
우아하다
- 우리 언니의 걸음걸이는 정말 **우아하다**.

멍청하다

처음 듣는 단어에 동생이 **멍청한** 표정을 지었어.

형용사

멍청하다

뜻

자극에 대한 반응이 느리고 어리숙하다는 뜻이에요.

문장 익히기

- 너무 놀라서 **멍청한** 표정으로 서 있었다.
- **멍청하게** 보지만 말고 빨리 도와줘.

비슷한 말

바보스럽다
- 가만 보면 곰은 미련하고 **바보스러워요**.

반대말

똑똑하다
- 설명을 잘 알아듣는 내 동생은 정말 **똑똑하다**.

서운하다

유치원을 졸업하니 왠지 **서운했어요**.

형용사

서운하다

뜻

아쉽거나 섭섭한 느낌을 말해요.

문장 익히기

- 친구가 나를 좋아하지 않아 **서운해요**.
- **서운한** 말로 친구를 속상하게 했어요.

비슷한 말

아쉽다, 섭섭하다

- 줄넘기 대회 성적이 좋지 않아 **아쉽다**.
- 생일 선물이 마음에 들지 않아 **섭섭하다**.

어휘 쑥쑥

애틋하다

- 이사를 해서 친구를 못 만난다고 생각하니 **애틋했다**.

심하다

장난이 **심하잖아!**

심하다

뜻

정도가 지나친 것을 말해요.

문장 익히기

- 아빠가 코를 너무 **심하게** 골아요.
- 오빠가 야단을 **심하게** 맞아서 억울하대요.

비슷한 말

지나치다
- 엄마는 **지나치게** 동생 편만 들어.

반대말

덜하다
- 올겨울은 추위가 **덜하다**.

약하다

나는 친구보다 힘이 **약해**.

약하다

뜻

힘의 정도가 작다는 뜻이에요.

문장 익히기

- 맥박이 **약해지고** 있어요.
- 나는 마음이 **약해서** 잘 울어.

비슷한 말

가냘프다

- 아기의 숨소리가 **가냘프게** 들려요.

반대말

튼튼하다

- 내 동생은 정말 **튼튼하다.**

유리하다

이번 경기는 우리 팀이 더 **유리했어**.

형용사

유리하다

뜻

목표를 이루는 데 이익이 있는 것을 말해요.

문장 익히기

- 동생이 자기만 **유리하게** 규칙을 바꿨어요.
- **유리한** 위치에 있어서 골을 넣을 수 있었어.

비슷한 말

이롭다
- 원칙대로 하는 것이 네게 더 **이롭다**.

반대말

불리하다
- 달리기 경주는 토끼보다 거북이에게 **불리하다**.

점잖다

일곱 살 어린이가 꽤 **점잖구나**.

점잖다

형용사

뜻

말과 행동이 의젓하고 신중하다는 뜻이에요.

문장 익히기

- 그 아이는 매우 **점잖게** 말해요.
- **점잖아** 보이는 저분이 우리 선생님이에요.

비슷한 말

얌전하다
- 고양이가 생각보다 정말 **얌전하다**.

반대말

방정맞다
- **방정맞게** 떠들다가 엄마에게 혼났다.

조용하다

다들 책을 읽느라 도서관이 **조용하네**.

조용하다

뜻

아무 소리도 들리지 않고 고요한 것을 말해요.

문장 익히기

- 쉿, **조용히** 해! 내 동생이 방금 잠들었거든.
- **조용한** 거실에서 무슨 소리가 들렸어!

비슷한 말

잠잠하다
- 오늘은 옆집 개가 **잠잠하다**.

반대말

시끄럽다, 요란하다
- 선생님이 자리를 비우면 교실이 **시끄럽다**.
- 바퀴 굴러가는 소리가 **요란하게** 들렸어.

죄송하다

거짓말해서 **죄송해요**.

70

죄송하다

뜻

죄스러울 정도로 미안할 때 쓰는 말이에요.

문장 익히기

- 불편하게 해서 **죄송합니다**.
- 오늘은 여러분께 **죄송한** 말씀을 드리겠습니다.

비슷한 말

미안하다
- 약속을 못 지켜서 정말 **미안해**.

어휘 쏙쏙

송구하다
- 답이 늦어져 **송구합니다**.

초라하다

옷차림이 **초라했어요**.

형용사

초라하다

뜻
겉모양이나 옷차림이 보기에 꾀죄죄하고 볼품없는 것을 뜻해요.

문장 익히기
- **초라한** 옷을 입고 가면 아이들이 놀릴 게 분명해요.
- 다른 사람들과는 달리 그 아이만 **초라해** 보였다.

비슷한 말
볼품없다
- 몇 년 만에 나타난 그의 모습은 무척 **볼품없었어**.

반대말
화려하다
- 요정의 도움으로 바뀐 신데렐라의 드레스가 **화려했다**.

편하다

숙제를 끝냈더니 마음이 **편해**!

편하다

형용사

뜻

몸이나 마음이 불편한 데 없이 좋다는 말이에요.

문장 익히기

- 이 그림책에서 늑대는 **편하게** 놀기만 한다.
- 새로 산 침대가 너무 **편해요**.

비슷한 말

편안하다
- 요즘 내 기분은 정말 **편안해**.

반대말

불편하다
- 엄마가 동생을 혼내는 것을 보면 마음이 **불편하다**.

그립다

돌아가신 할머니가 **그리워요**.

그립다

뜻

만나고 싶은 마음이 간절한 것을 말해요.

문장 익히기

- 먼 곳으로 이사한 이모가 너무 **그리워요**.
- 이 노래 가사는 **그리운** 마음을 담았어요.

비슷한 말

간절하다
- 오늘은 헤어진 친구 생각이 **간절했어**.

어휘 쑥쑥

아련하다
- 그리운 기억을 떠올리자 **아련해졌다**.

강하다

친구의 주먹은 정말 **강했어**.

강하다

뜻
물리적인 힘이 세다는 뜻이에요.

문장 익히기
- 도둑이 **강하게** 밀며 저항했다.
- **강한** 바람이 불자 지붕이 날아갔어요.

비슷한 말
힘세다
- 이사할 때는 **힘센** 사람이 필요하다.

반대말
연약하다
- 아기 사슴은 무척 **연약해**.

깔끔하다

내 옷차림은 언제나 **깔끔해요**.

깔끔하다

뜻
보기에 잘 정돈되고 깨끗하다는 말이에요.

문장 익히기
- 아빠가 차린 밥상은 언제나 정성스럽고 **깔끔해요**.
- **깔끔하게** 정돈된 서랍을 보니 기분이 좋아요.

비슷한 말
청결하다
- 주방 안이 매우 **청결하네요**.

반대말
불결하다, 더럽다
- 한 번도 닦지 않은 신발장이 **불결하다**.
- 옷이 왜 이렇게 **더러워졌어**?

상냥하다

우리 선생님은 **상냥해요**.

상냥하다

뜻

성격이 사근사근하고 부드러운 것을 말해요.

문장 익히기

- 언니는 늘 **상냥하게** 이야기해요.
- 생글생글 웃으며 말하는 모습이 **상냥했어요**.

비슷한 말

친절하다
- 우리 동네 과일 가게 아주머니는 항상 **친절하다**.

반대말

무뚝뚝하다
- 그 애는 대답도 하지 않고 **무뚝뚝하게** 서 있었어요.

씩씩하다

넘어져도 울지 않는 내 동생은 정말 **씩씩해**.

씩씩하다

뜻

연약하지 않고 굳세다는 뜻이에요.

문장 익히기

- 훈련을 받는 군인들의 모습이 **씩씩해** 보여요.
- **씩씩한** 모습을 보니 참 다행이구나.

비슷한 말

늠름하다, 굳세다

- 삼촌이 오늘은 꽤 **늠름해** 보여요.
- **굳세고** 씩씩하게 도전해 보렴.

어휘 쑥쑥

용감하다

- 밤에 혼자 자는 언니는 정말 **용감해요**.

얕다

수영장이 정말 **얕다**.

얕다

뜻

겉에서 속까지의 거리가 짧다는 것을 뜻해요.

문장 익히기

- 우리는 **얕은** 계곡으로 놀러 가기로 했어요.
- 물이 발목까지 오는 걸 보니 냇물이 **얕구나**.

비슷한 말

야트막하다
- 산이 정말 **야트막하다**.

반대말

깊다
- 이 우물은 정말 **깊어요**.

유치하다

동생들이 노는 건 좀 **유치해**!

유치하다

뜻

미숙하거나, 수준이 낮아 시시하다는 뜻이에요.

문장 익히기

- 이제 이런 **유치한** 장난감은 안 살 거예요.
- 친구를 속상하게 하려고 약 올리는 행동은 **유치해**.

비슷한 말

어리숙하다
- 내 친구는 가끔 **어리숙한** 행동을 한다.

반대말

성숙하다
- 동생이 나보다 더 **성숙해요**.

찾아보기 가나다순

글 도치맘 주인마님(김정해)

가톨릭대학교에서 독서 교육을 전공했습니다.

어린이들의 읽기와 학습에 관심을 가지고 관련 교재를 연구, 개발하는 일을 하고 있습니다.

최고의 엄마표 교육을 실천하는 약 39만 회원의 도치맘(도치엄마들의 생각키우기) 카페 운영자입니다.

엄마가 가장 좋은 선생님이 될 수 있다고 믿으며, 어린이들을 위한 좋은 책과 교구를 소개합니다.

만든 책으로 《이미지 한글 카드》가 있습니다.

도치엄마들의 생각 키우기 https://cafe.naver.com/dochithink

그림 김소희

대학에서 시각 디자인을 공부한 뒤 만화와 일러스트를 그리며 고양이들과 함께 북적북적 살고 있습니다.

만화책 《반달》을 쓰고 그렸으며, 그린 책으로 《다음 세대를 위한 북한 안내서》《세상에서 가장 슬픈 여행자, 난민》

《동계 올림픽 완전 대백과》《어린이 대학, 생물》《지구를 구하는 발명책》 등이 있습니다.

잡지 《함께 사는 길》《어린이 동산》에 만화를 연재했습니다.

국어를 좋아해 형용사

초판 1쇄 발행 2020년 10월 9일

기획·글 도치맘 주인마님(김정해) | **그림** 김소희 | **펴낸곳** 기린미디어 | **펴낸이** 김민영 | **편집** 책읽는메리 | **디자인** 구민재page9

출판등록 2016년 4월 26일 제2016-000009호 | **주소** 경기도 김포시 모담공원로17

전화 0505-302-2381 | **팩스** 0505-300-2381 | **전자우편** hsw2381@naver.com

ISBN 979-11-962625-7-0 74710 | 979-11-962625-5-6 74710(세트)

이 도서의 국립중앙도서관 출판예정도서목록(CIP)은 서지정보유통지원시스템 홈페이지(http://seoji.nl.go.kr)와 국가자료종합목록
구축시스템(http://kolis-net.nl.go.kr)에서 이용하실 수 있습니다. (CIP제어번호 : CIP2020039018)

잘못 만들어진 것은 바꾸어 드립니다.

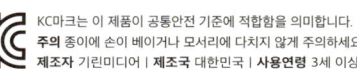

연상 학습을 바탕으로 한 이미지 단어 카드
어린이들의 관심과 흥미 유발을 위한 생활 속 단어 선택
한글 공부를 시작하는 어린이들을 위한 기초 단어 수록

이미지
한글 카드
엄마표 한글 떼기 150

주변에서 쉽게 접할 수 있거나 어린이들이 좋아하는 대상을 골라 한글에 흥미를 갖도록
단어를 선택했어요. 이미지를 통해 떠오르는 대상을 연결하기 쉽도록 고안했어요.
그림이나 사진을 보면서 한글과 영어를 배울 때 공감각적으로 접근할 수 있도록 구성했어요.